AF263750

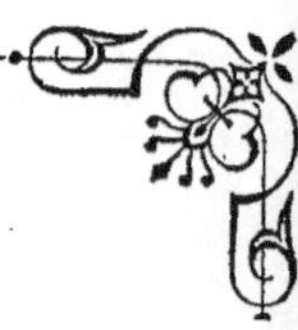

CONFÉRENCE

SUR

L'HISTOIRE DE FRANCE

PAR

Prosper ZACCONE

Capitaine au 108ᵉ Régiment d'Infanterie de Ligne

Détaché aux Affaires Arabes

> Connaître bien ses ennemis à la guerre
> et en politique, c'est le commencement de
> la sagesse.
>
> E. Caro.
> *(Les Jours d'épreuve.)*

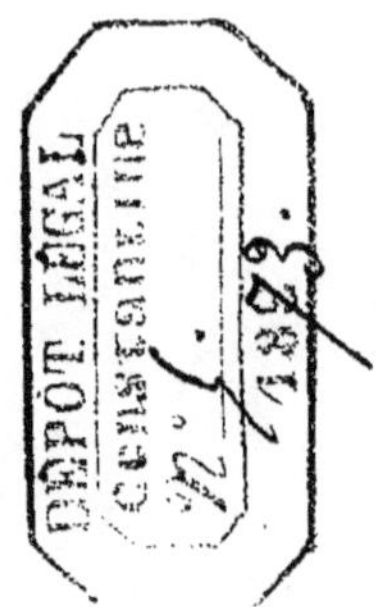

<table>
<tr><td>CONSTANTINE
CHEZ L. MARLE, LIBRAIRE
2, rue d'Aumale, 2.</td><td>PARIS
CHEZ CHALLAMEL, LIBRAIRE
30, rue des Boulangers, 30.</td></tr>
</table>

1873

CONFÉRENCE

SUR

L'HISTOIRE DE FRANCE

PAR

Prosper ZACCONE

Capitaine au 108ᵉ Régiment d'Infanterie de Ligne

Détaché aux Affaires Arabes

> Connaître bien ses ennemis à la guerre
> et en politique, c'est le commencement de
> la sagesse.
>
> E. Caro.
> *(Les Jours d'épreuve.)*

CONSTANTINE	PARIS
CHEZ L. MARLE, LIBRAIRE	CHEZ CHALLAMEL, LIBRAIRE
2, rue d'Aumale, 2.	30, rue des Boulangers, 30.

1873

CONFÉRENCE

SUR

L'HISTOIRE DE FRANCE.

CONSIDÉRATIONS SUR LES CAUSES DE LA DÉCADENCE
DES FRANÇAIS, TIRÉES DE MONTESQUIEU.

Après les désastres inouïs qui ont surpris la France
et étonné le monde entier, après avoir été témoin des
revers de ma patrie, j'ai fait comme beaucoup d'officiers, j'ai rappelé mes souvenirs ; j'ai voulu me rendre
compte des causes qui avaient amené notre catas-
trophe ; j'ai cherché, j'ai lu, j'ai médité ; et au nombre des ouvrages qui se sont trouvés sous ma main,
j'ai eu la bonne fortune de lire les considérations sur
la grandeur et la décadence des Romains par Montesquieu.

Tout ce qu'il dit de la décadence des Romains m'a
paru très-judicieux. J'ai reconnu que nos malheurs
étaient dûs aux mêmes fautes. J'ai vu alors qu'il y a

des principes qu'un peuple ne peut pas impunément abandonner sans s'exposer à déchoir. Ce sont ces principes que j'ai relevés et que je m'empresse de soumettre à l'appréciation de mes frères d'armes avec les réflexions qu'ils m'ont suggérées.

Un instant j'ai cru que la France marquée du doigt de la fatalité, était appelée à disparaître, que le temps des races latines était fini, et que la race saxonne était choisie par la Providence pour dompter le monde entier, comme l'a prédit Prévost-Paradol dans sa *France nouvelle*. La lecture de Montesquieu a reconforté mon cœur, elle y a fait renaître l'espérance, et, en sondant les ressources de mon pays, j'ai compris que si nous avions été écrasés par le nombre, nous n'avions pas été vaincus, mais malheureusement surpris.

Voici les passages de Montesquieu qui me donnent confiance en l'avenir, si nous entrons franchement et largement dans une réforme générale.

I.

Dans le 2e chapitre de la grandeur et de la décadence des Romains, Montesquieu dit :

« Les Romains se destinant à la guerre et la regardant comme le seul art, mirent tout leur esprit et toutes leurs passions à le perfectionner.

« Ils jugèrent qu'il fallait donner aux soldats de la légion des armes offensives et défensives plus fortes et plus pesantes que celles de quelqu'autre peuple que ce fut. »

Jetons un coup d'œil sur ce qui a été fait en France en vue de préparer de bonnes armées.

Depuis la première République, c'est-à-dire depuis 80 ans, la France a passé par deux phases bien distinctes. La première, qui embrasse 25 ans, a vu des choses merveilleuses faites par un peuple combattant pour son indépendance. Les soldats de cette rude époque étaient tous des paysans, des prolétaires élevés sobrement, durement, qui avaient vu de près la misère, et pour qui la guerre était une occasion d'arriver à l'indépendance, à l'égalité civile, aux honneurs, aux richesses.

Peu à peu ces premiers soldats disparurent sur les champs de bataille, et 20 ans après, en 1812, 1813, 1814, la génération qui leur succédait n'avait déjà plus cet amour de la patrie qui impose l'abnégation et produit les héros en poussant au dévouement.

L'abus de la force, l'orgueil du peuple français et les fautes d'un grand homme soulevèrent contre nous l'Europe entière. Dans la lutte nous devions succomber parce que nos alliés, mécontents de nos procédés envers eux, devaient l'un après l'autre nous abandonner, et nous laisser seuls en face de l'Europe coalisée. La France de 1815 fut vaincue et un ordre nouveau s'éleva.

A l'horreur de la guerre succéda l'amour de la paix, et les peuples chantèrent la sainte alliance. Dès lors on ne crut plus les guerres possibles et l'on s'occupa avec ardeur du bien-être matériel qui faisait défaut partout.

On refit les routes, on ouvrit des chemins vicinaux, on porta la vie dans tous les coins de la France ; les chaumières furent embellies, les villages appropriés ; l'agriculture, l'industrie, la mécanique, toutes les sciences prirent un essor inconnu jusqu'alors, et le résultat se traduisit par une aisance générale. Alors le paysan content de son sort songea à se soustraire au service militaire et il se fit remplacer. L'amour de la propriété étouffa l'amour de la patrie.

Plus tard, la loi de 1856 sur l'exonération poussa plus encore la nation dans cette voie funeste et, en fin de compte, au lieu d'une armée nationale composée de l'élite de la France, nous n'eûmes que des remplaçants déguisés, à l'exception de quelques artisans pauvres forcés de servir parcequ'ils ne pouvaient agir autrement.

Cette armée, composée de vieux soldats connaissant à peu près leur métier, passait son temps à faire peu de chose en été et presque rien en hiver, et, contrairement au principe des romains émis ci-dessus on fit tout pour éviter aux hommes la moindre peine. On usa et abusa des chemins de fer pour le transport des troupes. On accorda les voies ferrées à des détachements, à des dépôts changeant de garnison, voire même à des régiments.

Ce fut là une faute. La marche seule forme les troupes à la fatigue. Elle force les hommes à se bien chausser, à bien faire leurs sacs pour qu'ils ne les blessent pas, et les familiarise avec tous les petits incidents d'une étape faite en troupe.

Les officiers marchant à la tête de leurs compagnies apprennent à connaître leurs hommes, ce qui est très-important à la guerre. Ils peuvent distinguer les bons marcheurs, les hommes intelligents, solides, et ceux dont on pourrait disposer pour une marche forcée.

II.

« Mais comme il y a des choses à faire dans la
guerre dont un corps pesant n'est pas capable, ils
voulurent que la légion contint dans son sein une
troupe légère qui put en sortir pour engager le combat, etc.... »

Le perfectionnement des armes et l'armement uni-
que donné à toute l'infanterie ont fait croire qu'on
pourrait sans inconvénients supprimer les chasseurs à
pied qui représentent notre infanterie légère. Nous
pensons que, plus que jamais, nous avons besoin de
troupes spéciales composées d'hommes robustes, des-
tinées à nous éclairer et à opérer des coups de main
et des suprises. L'infanterie de ligne, quoique exer-
cée à l'école de tirailleurs qu'elle applique quelquefois pour son utilité particulière et dans des limites
restreintes, doit être considérée comme le corps de
bataille, et ses forces doivent être ménagées pour
produire son effet maximum le jour du combat.

III.

« Pour qu'ils pussent avoir des armes plus pesantes que celles des autres hommes, il fallait qu'ils se
rendissent plus qu'hommes ; c'est ce qu'ils firent par
un travail continuel, etc. »

Nos troupes en temps de paix vont aux exercices
ou aux promenades militaires avec le moins de charge

possible. Il semble qu'on cherche à leur rendre le service très-doux tandis que le temps passé sous les drapeaux devrait être une école de travail, de fatigues, d'étude, d'épreuves, et une application constante des petites opérations de la guerre.

IIII.

« Nous remarquons aujourd'hui (écrit en 1734.) que nos armées périssent beaucoup par le travail immodéré des soldats ; et cependant c'était par un travail immense que les Romains se conservaient. »

Montesquieu en donne la raison dans ce même paragraphe : « C'est, dit-il, que les fatigues des soldats romains étaient continuelles, au lieu que nos soldats passent sans cesse d'une extrême oisiveté à un travail excessif. »

Nous voyons cela chaque fois que nos troupes vont dans un camp ou entrent en campagne. Le soldat, habitué jusque-là à un service peu chargé, reçoit à ce moment comme surcroit de bagages :

Une tente-abri avec ses accessoires pesant	1 k. 800
Un petit bidon avec sa courroie	» k. 390
Une couverture de marche	1 k. 800
Des vivres de réserve pour 4 jours........	3 k. »
Dix paquets de 9 cartouches à 300 gr	3 k. »

Puis un des ustensiles suivant :

Soit une gamelle..........	1 k. 65
Ou un grand bidon........	1 k. 120
Ou une marmite..........	1 k. 680
Une hachette	1 k. »

Ces objets qu'il touche en entrant en campagne pèsent en moyenne de 11 k. 500 à 12 k.

Le soldat habitué à toutes les commodités de la garnison où les fatigues lui sont épargnées, ne peut pas toujours supporter ces marches pénibles de jour et de nuit qui usent les plus forts. Les hommes de guerre savent très-bien que les troupes sont réduites d'un dixième après quelques jours de campagne active. Il faut se défier de ces effectifs fabuleux donnés sur le papier la veille d'un départ. Quand on en a retranché les ordonnances, les ouvriers d'administration, les infirmiers, les secrétaires, les hommes du train, les malades, les déserteurs, les trainards, les maraudeurs, les escortes des convois, etc., etc. il faut s'attendre, un mois après, à n'avoir au jour du combat que les 4/5e des hommes présents au départ.

V.

« Pendant les marches militaires on faisait porter aux soldats romains des poids de 60 livres ;.........
Ils prenaient dans leurs exercices des épées, des javelots d'une pesanteur double des armes ordinaires ; et ces exercices étaient continuels. »
Jusqu'en ces derniers temps nos promenades militaires n'avaient rien qui put préparer le soldat au métier de la guerre. On se dirigeait sur une route, on faisait 8 à dix kilomètres, 12 au plus, et l'on revenait. Le soldat avait soin de charger son sac le moins possible ; les officiers fumaient un cigare, causaient de tout autre chose que de stratégie. Un seul officier était chargé du rapport concernant la marche mi-

litaire, qui n'avait de militaire que le nom puisqu'aucune opération tactique n'y était effectuée. Aujourd'hui on commence à entrer dans une meilleure voie.

VI.

« Ce n'était pas seulement dans le camp qu'était l'école militaire ; Il y avait dans la ville un lieu où les citoyens allaient s'exercer. (C'était le champ de Mars.) »

Que font nos hommes lorsqu'il n'y a pas exercice dans la journée ? Ils se couchent sur leurs lits en songeant au pays, ou passent leur temps dans l'oisiveté, ou au cabaret.

Y a-t-il une salle d'escrime, c'est à qui n'ira pas.

Y a-t-il un gymnase, on y envoie de temps à autre en été une compagnie, et en résumé chaque homme n'y va pas douze fois dans l'année. Ce n'est pas sérieux.

Quant à la natation on y va 5 ou 6 fois dans la belle saison quand il y a une rivière à proximité.

Dans le cas contraire, pas de baignades ; le soldat peut rester un an ou deux sans prendre un bain.

Nous pensons qu'il serait nécessaire et hygiénique de créer près des quartiers, ou hors des villes, des bassins vastes comme les thermes romains, où les hommes pourraient aller se laver tous les jours et apprendre à nager.

En vue d'une plus grande instruction à exiger des soldats il conviendrait de régler le service de faço

que les hommes pussent s'occuper d'escrime, de gym-
nastique, de natation, d'instruction littéraire, etc., au
moins une fois toutes les 48 heures. Pour obtenir de
bons résultats il faudrait supprimer toutes les petites
garnisons où les hommes ne font rien. Nous regar-
dons comme pernicieuse toute garnison inférieure à
nn bataillon ou deux escadrons lorsqu'il ne s'y
trouve pas un officier supérieur. Ces petites villes ne
seraient occupées que pendant les 4 ou 5 mois d'hiver, durant las autres mois les troupes seraient réu-
nies dans des camps ; je dirai même que dans le midi
de la France les troupes pourraient toujours être
campées. Elles fourniraient aux grandes villes, pour
le maintien de l'ordre, des garnisons qui seraient re-
levées tous les mois.

C'est dans les camps permanents que tous les
jeunes soldats devraient débuter, et y rester au moins
deux ans consécutifs sans permission aucune.

A l'avenir il ne faut pas oublier, comme on l'a fait
malheureusement depuis 1815, que l'armée doit être
toujours prête à entrer en campagne dans l'espace de
huit jours.

Si l'on impose aux troupes une vie plus laborieuse
que par le passé, il sera bon de leur donner une
nourriture plus variée et plus abondante, surtout
pendant les époques des camps, des marches et des
grandes manœuvres.

Cette mesure hygiénique est appliquée aux chevaux
de l'armée durant les marches militaires, il nous
paraît logique et humain d'avoir la même sollicitude
pour les hommes.

La faible alimentation est cause de la mort de bien des
soldats, il importe donc de tout faire pour améliorer
et augmenter leur nourriture.

VII.

« Toutes les fois que les Romäins se crurent en danger, ou qu'ils voulurent réparer quelque perte, ce fut une pratique constante chez eux d'affermir la discipline militaire. »

Il est avéré pour tout le monde que la discipline en France est très-relâchée. Les officiers n'ont pas toujours pour leurs supérieurs cette déférence, fruit d'une bonne éducation et d'une ferme discipline. Dans leurs conversations en présence de la troupe ils sont rarement prudents, réservés ; et leurs critiques recueillies par les soldats sont toujours commentées d'une manière fâcheuse pour l'esprit de corps et la subordination. Il en résulte que les hommes ne sont pas aussi respectueux pour leurs officiers qu'ils devraient l'être.

Qu'est-ce qui ramènera la discipline, le respect des chefs, le dévouement au pays ? c'est :

1º le service personnel obligatoire qui améliorera l'esprit de l'armée moralement et intellectuellement.

2º l'avancement donné après examen sérieux constatant la capacité de ceux qu'on veut appeler à commander aux autres. Montluc a donné jadis ce conseil à Charles IX.

VIII.

« Les Romains sont-ils battus à Numance, Scipion Emilien les prive d'abord de tout ce qui les avait ramollis. »

Ceci nous amène à parler des bagages nombreux de l'armée française qui sont une entrave à la marche des troupes, une cause de désordre dans les colonnes et une préoccupation constante de la part de leurs propriétaires. Nous avons vu en 1870 des officiers partir pour la campagne avec :

Une petite tente d'officier.

Un petit lit de campagne.

Un matelas.

Une couverture.

Un pliant.

Une petite table.

Et deux cantines.

Si tous les officiers en avaient eu autant l'armée française eut ressemblé à celle de Darius.

Supprimons tout cela, ayons la simplicité des premières armées de la République, et nous ferons encore de grandes choses, si nous sommes bien préparés et bien conduits.

IX.

« Des hommes si endurcis étaient ordinairement sains. On ne remarque pas dans les auteurs que les armées romaines, qui faisaient la guerre en tant de climats, périssent beaucoup par les maladies ; au lieu qu'il arrive presque continuellement aujourd'hui (sous Louis XV) que des armées, sans avoir combattu, se fondent pour ainsi dire dans une campagne. »

Montesquieu a écrit cela en 1734 et ce qui était

vrai alors l'est encore aujourd'hui. C'est le passage subit d'une existence paisible à des travaux excessifs qui détruit les armées.

Si les troupes, durant leur apprentissage de la guerre, étaient campées et exercées à des marches presque journalières, tous les hommes à complexion faible disparaîtraient en temps de paix, et au moment d'entrer en campagne les hommes seraient endurcis et les effectifs ne se réduiraient plus à vue d'œil.

Dorénavant tout le monde devant être soldat, nous pensons qu'il faudrait :

1° Que les deux premières années fussent passées loin des villes, dans des camps permanents dont on aurait soin d'éloigner tout ce qui peut ramollir les hommes ;

2° Supprimer toutes les permissions d'absence sans exception aucune pendant ces deux premières aunées consacrées à la vie des camps.

X.

« Parmi nous, ajoute Montesquieu, les désertions sont fréquentes parce que les soldats sont la plus vile partie de la nation, etc. »

Ceci était exact en 1734 ; depuis 1789 il y a eu amélioration, désormais ce sera infiniment mieux. Jusqu'à présent l'armée ne recevait qu'une faible partie du contingent et tous ceux qui possédaient une bonne instruction fuyaient les régiments. Il s'ensuivait que l'armée péchait par l'instruction et l'é-

ducation, ce qui explique le grand nombre de con-
damnations. Presque tous les délits et les crimes
disparaîtront avec le service personnel obligatoire.
Celui-ci aura pour conséquence de relever le niveau
moral et intellectuel de nos tronpes.

XI.

« Les troupes romaines étaient toujours les mieux
disciplinées, il était difficile que, dans le combat le
plus malheureux, elles ne se ralliassent quelque part
ou que le désordre ne se mit quelque part chez les
ennemis. Aussi les voit-on, quoique surmontées dans
le commencement par le nombre ou par l'ardeur des
ennemis, arracher enfin la victoire de leurs mains. »

La discipline peut seule sauver une armée dans
une bataille disputée, ou dans une guerre longue. A
forces égales la victoire restera incontestablement à
l'armée la mieux disciplinée. Les Anglais sont, sous
ce rapport, supérieurs aux soldats des autres puis-
sances. Chaque fois que nous avons eu affaire à eux
ils nous ont vaincus par leur calme et leur discipline.

En 1346 nous perdons contre eux la bataille de
Crécy.

En 1356 celle de Poitiers.

En 1415 celle d'Azincourt.

En 1814 celle de Vittoria.

En 1815 celle de Waterloo.

Pour ne parler que de celle-ci qui est encore présente à la mémoire de nos grands-pères, nous devons

reconnaître que les Anglais ne durent qu'à leur dis_
cipline de vaincre. En effet, il est constant qu'à
4 heures du soir ils étaient à bout de ressources. Toute
autre puissance eut abandonné le terrain parcequ'une
partie des soldats se serait débandée. Les Anglais
sont restés fermes, ont envisagé la mort avec sang-
froid, et ont permis ainsi aux Prussiens d'arriver.

Nos soldats sont brillants au début d'nne action et
ils ont même trop d'ardeur tant qu'ils ont espoir de
vaincre, mais dès que les difficultés s'accumulent
leur confiance diminue promptement. C'est à ce moment critique, qui se présente dans chaque bataille,
qu'il faudrait pouvoir tenir les troupes en vertu d'une
discipline acquise de longue date. Tous nos malheurs,
toutes nos défaites viennent de l'indiscipline des soldats. Il faut donc par tous les moyens possibles
mettre dans la main des chefs une puissance draco-
nienne qui force les plus incorrigibles à baisser la
tête sous peine de mort.

Si l'indiscipline a fait tant de progrès dans l'armée
nous pensons qu'il faut en chercher la cause dans
l'abus que les conseils de guerre font des *circonstances atténuantes*. Ajoutons de plus que les deux
derniers paragraphes des articles 223 et 224 du Code
de justice militaire favorisent le manque de respect de
l'inférieur à son supérieur.

L'article 223 est ainsi conçu : « les voies de fait
exercées pendant le service ou à l'occasion du service, par un militaire envers son supérieur sont
punies de mort. » Jusqu'ici c'est très-bien, mais le
paragraphe suivant fait une distinction fâcheuse lorsqu'il dit : « Si les voies de fait n'ont pas lieu pendant
le service ou à l'occasion du service, le coupable sera
puni de 5 à 10 ans de travaux publics s'il est sous-

officier, caporal ou soldat. Si le soldat était certain dans cc cas d'être fusillé ou d'avoir au moins 20 ans de travaux forcés, il y regarderait à deux fois, et la discipline y gagnerait.

L'article 224 nous paraît encore plus fatal à la discipline en ce que le soldat peut se donner la satisfaction d'injurier son supérienr en courant la chance de n'avoir qu'un an de prison.

Cet article dit : « Si les outrages n'ont pas eu lieu pendant le service, ou à l'occasion du service, la peine sera d'un an à cinq ans d'emprisonnement.

Nous sommes persuadé que sur dix hommes convaincus d'outrages envers leurs supérieurs, en dehors du service, 5 ou 6 n'auront qu'un an parce qu'on trouvera des *circonstances atténuantes.*

Ces deux paragraphes sont à supprimer comme funestes à la discipline.

Plus les peines portées contre l'indiscipline seront sévères, plus la discipline se raffermira.

La loi du 21 brumaire, an 5, punissait de la peine de mort les voies de fait de l'inférieur à l'égard de ses supérieurs. En distinguant la faute commise dans le service de celle commise hors du service, la loi nouvelle a le tort très-grave, selon nous, de faire croire aux hommes qu'en dehors du service ils ne sont pas tenus au même respect, à la même déférence envers leurs chefs. Nous regrettons beaucoup cette distinction qui nuit à la discipline.

XII.

« La principale attention des Romains était d'examiner en quoi leur ennemi pouvait avoir de la supériorité sur eux, et d'abord ils y mettaient ordre. »

Ce paragraphe renferme la cause indubitable de la supériorité constante des armées romaines sur celles de leurs ennemis.

En France on se fait illusion sur la valeur de l'armée française en l'exaltant outre mesure, et on rabaisse trop celle des armées étrangères. Chaque nation a ses qualités et ses défauts. Il est mieux de connaître les qualités de son ennemi pour apprendre à le combattre avec chance de succès. Si l'on s'était bien pénétré des rapports militaires du colonel Stoffel, on n'eut certes pas déclaré la guerre en 1870. La lecture de ces rapports, faits de main de maître, établissait d'une manière précise et indiscutable la supériorité de l'armée prussienne sur celle de France qui, à cette époque, étaient :

1° l'instruction obligatoire. (ce qui prépare des soldats intelligents.)

2° le service personnel obligatoire. (Ce qui assure de bons cadres et de grandes ressources pour combler les vides, et répondre aux besoins des diverses administrations.)

3° Une artillerie à plus grande portée que la nôtre. (ceci seul devait donner la victoire aux Prussiens.)

4° l'artillerie attachée aux divisions plns nombreuse que la nôtre. (Elle soutient mieux la lutte avec une artillerie inférieure en nombre, et elle affermit le moral des troupes, surtout quand elles sont jeunes.)

5° l'instruction des officiers plus complète.

En France l'officier, avec son esprit chevaleresque, compte trop sur son épée. Ce n'est pas tout d'être vaillant et hardi il faut être sage, a dit Montluc, il faut prévoir tout ce qui peut survenir, vu qu'aux armées les fautes sont irréparables. Aussi a-t-il raison de poser en principe qu'en général un homme qui a lu et retenu est plus capable qu'un autre.

6° Plusieurs écoles d'instruction pour les sous-officiers.

Les sous-officiers et soldats qui arrivent sous les drapeaux sans une instruction suffisante ne peuvent rien apprendre dans les régiments français où les écoles du 2ᵉ degré sont une dérision.

7° Instruction du tir perfectionné chez les officiers, sous-officiers et soldats.

Depuis que les capitaines de compagnie sont chargés de l'instruction du tir de leurs hommes, une amélioration doit se produire ;

8° Le recrutement des officiers d'état-major.

M. le colonel Lewal, dans son remarquable ouvrage intitulé : *La Réforme de l'armée*, traite cette question délicate ; nous y renvoyons le lecteur.

En présence de cette supériorité bien marquée, il nous reste à travailler beaucoup, à réformer largement et à étudier toujours, si nous voulons redevenir la grande nation. Il convient pour cela de laisser de côté tout amour-propre, de reconnaître nos fautes pour les éviter, d'examiner notre côté faible pour nous corriger, et de ne pas perdre de vue un seul jour les perfectionnements de la science militaire et les applications que peuvent en faire nos voisins.

XIII.

« Jamais nation ne prépara la guerre avec tant de prudence et ne la fit avec tant d'audace. »

Ayons toujours ce principe devant les yeux et nous serons certains, sinon d'être toujours vainqueurs, au moins de n'éprouver jamais de défaite sérieuse.

Qui prépare bien la guerre est sûr de vaincre.

XIV.

« Les fondateurs des anciennes républiques avaient également partagé les terres ; cela faisait une bonne armée, chacun ayant un égal intérêt, et très-grand, à défendre sa patrie. »

Il est inutile de chercher à démontrer que personne n'est plus intéressé à défendre une propriété attaquée que le vrai propriétaire. Avec le service obligatoire nous aurons pour défenseurs de la Patrie, les propriétaires du sol, et l'on ne verra plus les favoris de la fortune se promener la canne à la main pendant que les malheureux sont à la frontière. Refaisons une armée nationale comprenant toutes les forces vives du pays et nous n'aurons plus à redouter d'invasion.

XV.

« Rome était une petite République lorsque les Latins, ayant refusé le service de troupes qu'ils étaient obligés de donner, on leva sur-le-champ dix légions dans la ville. A peine à présent, dit Tite-Live (qui vivait sous Auguste.) en pourrait-elle faire autant si un ennemi paraissait tout-à-coup devant ses murailles, marque certaine que nous ne nous sommes point agrandis et que nous n'avons fait qu'augmenter le luxe et les richesses qui nous travaillent. »

Ce que disait Tite-Live peut s'appliquer parfaitement à la France. On la vit lorsqu'elle possédait toute son énergie sous la première République jeter 14 armées à la frontière. Mais en 1870 et 1871, après avoir été énervée par le luxe et les richesses pendant 40 ans, la France ne trouva que des enfants égoïstes. Et malgré le courage des hommes les plus dévoués au pays qui comprenaient qu'il s'agissait de vaincre ou de périr, il fut impossible de rien faire pour arrêter l'invasion, et nous eûmes la douleur poignante de voir deux armées françaises passer sous les fourches caudines.

Mentesquieu a dit que rien ne met une République plus près de sa ruine que l'indifférence du bien commun. 1870 nous l'a prouvé.

XVI.

« Pendant qu'à Rome la guerre réunissait tous les citoyens, elle les divisait à Carthage où des particuliers avaient des richesses de rois. »

Le même fait s'est produit chez nous et il ne peut pas en être autrement avec notre luxe.

La civilisation, les grandes industries divisent les citoyens aujourd'hui, parce que leurs intérêts sont opposés, de là deux camps. Les uns veulent la paix pour jouir sans trouble de leur fortune au milieu des délices de toute nature qui les énervent et les rendent incapables de faire un soldat en mesure de défendre ses foyers. Les autres, moins attachés aux biens de ce monde dont ils ne possèdent rien ou fort peu de chose, acceptent avec bonheur une guerre qui doit les conduire aux honneurs.

XVII.

« Carthage, qui faisait la guerre avec son opulence contre la pauvreté Romaine, avait, par cela même du désavantage : l'or et l'argent s'épuisent ; mais la vertu et la pauvreté ne s'épuisent jamais. »

La France et la Prusse se sont trouvées à peu près dans cette position en 1870. Nos richesses n'ont pu nous créer des soldats ; la Prusse infiniment plus pauvre que nous, moins ramollie, mieux discplinée surtout, et avec cette vigueur qu'elle met dans la poursuite, ainsi qu'elle l'a prouvé après Waterloo, Sadowa, Reichoffen, la Prusse, disons-nous, devait triompher de nos richesses. L'Histoire nous montre les peuples primitifs, pauvres, élevés durement, vaincre les nations civilisées.

XVIII.

« Carthage employait plus de forces pour attaquer, que Rome pour se défendre. »

Au lieu de faire comme Rome nous avons fait comme Carthage. Nous nous sommes toujours organisés pour l'offensive et jamais pour la défensive ; aussi chaque fois que nous avons été malheureux dans nos guerres et que nous avons dû battre en retraite, nous avons toujours été envahis avec rapidité, parce que l'ennemi ne trouvait rien de préparé pour la résistance chez nous. 1814, 1815, 1870, 1871 sont là devant nous avec toutes les conséquences désastreuses d'une invasion non prévue.

XIX.

« Chez les Cathaginois les armées qui avaient été battues devenaient plus insolentes. Quelquefois elles mettaient en croix leurs généraux et les punissaient de leur propre lâcheté. Chez les Romains, le consul décimait les troupes qui avaient fui, et les ramenait contre les ennemis. »

Chez nous, comme chez les Carthaginois, les troupes qui ont faibli deviennent insolentes, plus indisciplinées que jamais, et crient à la trahison ; c'est le grand mot quand leurs généraux n'ont pas été heureux dans leurs combinaisons. Il n'y a qu'un seul moyen pour tenir les troupes dans le devoir en présence de l'ennemi, c'est celui qu'employaient les Romains.

Le soldat doit vaincre ou mourir.

XX.

« Tant qu'Annibal resta avec son armée réunie il battit les Romains, mais lorsqu'il fallut qu'il mit des garnisons dans les villes, qu'il défendit ses alliés, ou qu'il assiégeât des places, ses forces se trouvèrent trop petites et il perdit en détail une grande partie de son armée. Les conquêtes sont aisées à faire, parcequ'on les fait avec toutes ses forces ; elles sont difficiles à conserver parce qu'on ne les défend qu'avec une partie de ses forces. »

C'est ce qui nous est arrivé en 1813 en Allemagne et partout, à toutes les époques, en Italie, en Espagne, en Portugal, en Belgique, en Hollande, en Autriche, en Russie, en Egypte. Toute notre histoire prouve que nous savons conquérir, mais que nous ne savons pas conserver.

Il faut bien nous pénétrer de nos défauts pour nous en corriger.

Mettons de côté toute fantasia.

Redevenons pratiques en toutes choses.

Méditons sans cesse cette maxime de Socrate :
Connais-toi toi-même, et nous reviendrons un peuple fort.

Je m'arrête dans le court parallèle que j'ai essayé de faire entre un grand peuple et nous, et je crois avoir fait ressortir que si nous sommes tombés c'est que nous avons laissé de côté les bonnes traditions militaires.

Il résulte de cette étude que nous devons avant tout rétablir notre discipline ; c'est une question capitale ponr l'armée française. Le moment nous paraît opportun puisque le mode de recrutement est changé.

Avec les éléments nouveaux les réformes seront acceptées avec empressement, parcequ'il n'y aura d'exception pour personne. Il est certain qu'avec :

1° Une discipline ferme, inflexible ;

2° l'instruction obligatoire ;

3° le service militaire personnel et sans exceptions ;

4° des camps permanents ;

5° l'avancement donné au choix et soumis à des examens sérieux sur des programmes bien faits au point de vue pratique ; nous devons nous relever en dix ans.

Nous verrons alors, comme autrefois, les peuples rechercher notre amitié ; et si quelque voisin mal inspiré nous déclarait la guerre nous serions en mesure de le refouler, et nous trouverions au besoin des alliés sincères parce que nous serions redevenus la France chevaleresque des beaux jours de notre histoire.

Tébessa, janvier 1873.

www.ingramcontent.com/pod-product-compliance
Lightning Source LLC
Chambersburg PA
CBHW051151050726
47594CB00007B/2844